CATALOGUE

DES

OBJETS PERSANS

FAIENCES, CUIVRES

Armes, Objets variés

ÉTOFFES, TAPIS

DONT LA VENTE AURA LIEU

HOTEL DROUOT, SALLE N° 4

Le Vendredi 18 Avril 1890

à 2 heures

<table>
<tr><td>Me PAUL CHEVALLIER
COMMISSAIRE-PRISEUR
10, rue de la Grange-Batelière, 10</td><td>M. CHARLES MANNHEIM
EXPERT
7, rue Saint-Georges, 7</td></tr>
</table>

EXPOSITION PUBLIQUE

Le Jeudi 17 Avril 1890, de une heure à cinq heures et demie

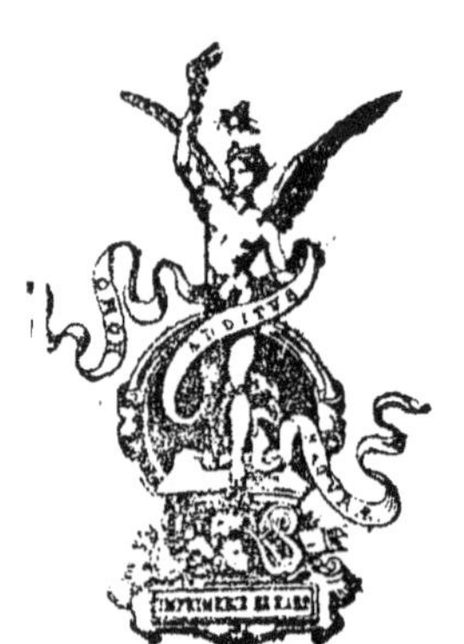
IMPRIMERI ET LABI

CATALOGUE

DES

OBJETS PERSANS

FAIENCES, CUIVRES

Armes, Objets variés

ÉTOFFES, TAPIS

DONT LA VENTE AURA LIEU

HOTEL DROUOT, SALLE N° 4

Le Vendredi 18 Avril 1890

à 2 heures

Me PAUL CHEVALLIER	**M. CHARLES MANNHEIM**
COMMISSAIRE-PRISEUR	EXPERT
10, rue de la Grange-Batelière, 10	7, rue Saint-Georges, 7

EXPOSITION PUBLIQUE

Le Jeudi 17 Avril 1890, de une heure à cinq heures et demie

CONDITIONS DE LA VENTE

Elle sera faite *expressément* au comptant.

Les Acquéreurs payeront CINQ POUR CENT en sus des adjudications, applicables aux frais de la vente.

L'Exposition mettant les acquéreurs à même de se rendre compte de l'état et de la nature des objets, il ne sera admis aucune réclamation une fois l'adjudication prononcée.

Paris. — Imp. de l'Art, E. Ménard et Cie, 41, rue de la Victoire.

DÉSIGNATION DES OBJETS

FAIENCES

1 — Grand plat creux en ancienne faïence de Perse, à décor bleu rayonnant, avec rosace centrale.

2 — Bouteille piriforme en ancienne faïence de Perse, décorée de branches fleuries et oiseaux en bleu.

3 — Gourde à panse sphérique aplatie, en ancienne faïence de Perse, décorée de rinceaux bleus avec réserves de feuillages polychromes.

4 — Bol octogonal en ancienne faïence de Perse, à décor de lambrequins en bleu et de feuillages en couleurs.

5 — Bol campanulé en ancienne faïence de Perse, décoré en bleu de compartiments à feuillages.

6 — Bol en ancienne faïence de Perse, à décor de grosses fleurs en bleu.

7 — Grand plat en ancienne faïence de Perse, décoré en bleu, au fond, d'un bouquet de fleurs, et, au marli, de feuilles.

8 — Aiguière à corps sphérique, col évasé, anse et goulot, en ancienne faïence de Perse, à décor de fleurs et imbrications en bleu.

9 — Petit bol en ancienne faïence de Perse, à décor bleu de palmettes.

10 — Crachoir en ancienne faïence de Perse, à décor de fleurs et lambrequins en bleu.

11 — Crachoir analogue au précédent et de même faïence.

12 — Bouteille piriforme en ancienne faïence de Perse, à décor de feuillages en bleu.

13 — Crachoir en ancienne faïence de Perse, à corps sphérique et col rapporté en cuivre ; il est orné de fleurettes polychromes.

14 — Deux assiettes de dimensions différentes en ancienne faïence de Perse, à décor de feuillages en bleu.

15 — Trois pièces en ancienne faïence de Perse : compotier à fleurs et deux plateaux oblongs, à décor bleu.

16 — Cinq soucoupes en ancienne faïence de Perse, dont quatre décorées en bleu, l'autre en blanc.

17 — Bouteille à panse sphérique en ancienne faïence de Perse, polychrome, à personnages et fleurs.

18 — Kalian en ancienne faïence de Perse, à décor polychrome de lambrequins à fleurs et quadrillés ; col en cuivre.

19 — Kalian en ancienne faïence de Perse émaillée bleu, avec feuillages à reflets métalliques rougeâtres ; col en bronze.

20 — Crachoir en ancienne faïence de Perse, à décor de feuillages à reflets métalliques rouge rubis.

21 — Crachoir en ancienne faïence de Perse, à décor de rinceaux à reflets métalliques brun foncé ; col en bronze.

22 — Soucoupe en ancienne faïence de Perse, décorée intérieurement d'oiseaux en rouge à reflets métalliques, et extérieurement de rinceaux à reflets rouge rubis sur fond gris bleu.

23 — Bol godronné à déversoir latéral en faïence de Perse, émaillée vert.

24 — Crachoir sphérique godronné en faïence de Perse, avec col en cuivre.

25 — Vase porte-bouquets à cinq ouvertures en faïence de Perse, émaillée gris-vert.

26 — Deux pièces en faïence de Perse, émaillée gris : petit vase sphérique surbaissé et plateau rond à bord festonné.

27 — Bol sphérique surbaissé, à ouverture rétrécie, en faïence de Perse, émaillée gros bleu.

28 — Plaque rectangulaire de revêtement en faïence de Perse, émaillée bleu turquoise, avec inscriptions en relief.

29 — Compotier en ancienne faïence de Perse, à décor de fleurs, feuillages et palmettes en rouge à reflets métalliques.

30 — Quatre plaques de revêtement en forme d'étoiles, en ancienne faïence de Perse, à fleurs et inscriptions en rouge rubis à reflets métalliques ; l'une d'elles est rehaussée de bleu.

31 — Plaque de revêtement rectangulaire en deux morceaux, en ancienne faïence de Perse, décorée d'inscriptions en relief, émaillées bleu, sur fond de rinceaux jaunâtres à reflets métalliques.

32 — Deux plaques de revêtement de forme étoilée, en ancienne faïence de Perse, à décor de fleurs, rinceaux et inscriptions en rouge à reflets métalliques.

CUIVRES

33 — Chandelier, dit chamdon, en forme de colonnette, en bronze gravé, à rinceaux et chevrons sur fond verni noir. Ancien travail persan.

34 — Chandelier, dit chamdon, en forme de colonnette à pans, en bronze gravé, à rinceaux et rangées de chevrons sur fond verni noir. Ancien travail persan.

35 — Chandelier, dit chamdon, en forme de colonnette, en bronze gravé, à rinceaux, personnages et animaux. Travail persan,

36 — Chandelier, dit chamdon, en forme de colonnette, à pans en bronze gravé, à rinceaux et palmettes. Ancien travail persan.

37 — Chandelier, dit chamdon, en forme de colonnette, en bronze gravé, à palmettes et frise de personnages. Travail persan.

38 — Chandelier, dit chamdon, en forme de colonnette à pans, en bronze gravé, couvert de rinceaux sur fond verni noir. Ancien travail persan.

39 — Deux petits chandeliers, dits chamdons, en forme de colonnette, en bronze gravé, couverts de rinceaux et rubans en spirale. Travail persan.

40 — Bassin circulaire en bronze gravé, orné d'une zone
d'inscriptions sur fond verni noir. Ancien travail persan.

41 — Bassin circulaire en bronze gravé, orné d'une zone
d'inscriptions et de chasseurs. Travail persan.

42 — Bassin circulaire en bronze gravé, orné d'une zone
d'inscriptions et de rosaces sur fond verni noir. Ancien
travail persan.

43 — Bassin circulaire en bronze gravé, couvert de feuillages, avec réserves de personnages ; à l'intérieur, nom-
breux poissons gravés. Travail persan.

44 — Deux petits bassins circulaires en bronze gravé :
inscriptions et personnages. Travail persan.

45 — Deux petits bassins en bronze gravé : frise de personnages et de cavaliers. Travail persan.

46 — Kalian en cuivre, orné de motifs cordelés en léger
relief. Ancien travail persan.

47 — Carafe de kalian en cuivre orné de motifs et de compartiments réguliers. Ancien travail persan.

48 — Carafe de kalian en cuivre orné de compartiments et
motifs réguliers, avec palmettes argentées. Ancien travail persan.

49 — Cassette octogonale couverte en bronze gravé, ornée
d'oiseaux et inscriptions sur fond verni noir, avec traces
de damasquine d'argent. Ancien travail persan.

50 — Gourde hémisphérique en bronze gravé, à imbrications. Travail persan.

51 — Sébile de changeur, dite darkle-poul, en forme de

coupe, sur piédouche bas, en bronze gravé et couverte d'inscriptions. Ancien travail persan.

52 — Crachoir, dit selefdan, en bronze gravé, à animaux et personnages. Travail persan.

53 — Petite lampe de suspension en bronze gravé, à inscriptions. Travail persan.

54 — Paire de pincettes en bronze gravé, à personnages et inscriptions. Travail persan.

55 — Carafe de kalian piriforme, en bronze gravé, à fleurs. Travail persan.

56 — Couvercle de bassin en bronze gravé et ajouré. Travail persan.

57 — Sébile de changeur circulaire, sur trois pieds bas, en bronze gravé, ornée de médaillons à personnages et animaux. Ancien travail persan.

58 — Brûle-parfums circulaire sur trois pieds, dit mingal-esbend, en cuivre gravé et ajouré, à rinceaux et personnages. Travail persan.

59 — Deux chandeliers en forme de balustre sur plateau circulaire, en bronze gravé, à personnages, animaux et rinceaux. Ancien travail persan.

60 — Deux vases de suspension à fleurs en bronze gravé, à zones de personnages et d'animaux, inscriptions, palmettes et fleurs; ils sont munis de leur anse de suspension, et l'un d'eux, de sa chaîne. Travail persan.

61 — Aiguière piriforme à anse, goulot et couvercle, dite aftabé, en bronze gravé, à palmettes, animaux et masques du soleil; elle est accompagnée de son bassin circulaire, avec plateau ajouré. Travail persan.

62 — Aiguière piriforme à anse et goulot, dite aftabé, en bronze gravé à fleurettes. Travail persan.

63 — Couronnement de brûle-parfums en cuivre gravé et ajouré : la partie supérieure, piriforme, repose sur un piédouche balustre ; il est orné d'inscriptions, rinceaux, personnages et animaux. Travail persan.

64 — Deux brûle-parfums surbaissés, à couvercle et sur piédouche, en cuivre gravé et ajouré, orné de rinceaux et de réserves à inscriptions, chasseurs et animaux. Travail persan.

65 — Deux cornets à panse sphérique en cuivre gravé et ajouré, ornés de rinceaux et de médaillons à personnages et animaux. Travail persan.

66 — Brûle-parfums sphérique surbaissé, avec couvercle et sur piédouche balustre, en cuivre gravé et ajouré, à rinceaux et médaillons à personnages. Travail persan.

67 — Brûle-parfums analogue au précédent ; le couvercle n'offre pas de médaillons à personnages.

68 — Brûle-parfums surbaissé, à couvercle et sur piédouche, en cuivre gravé et ajouré, orné de rinceaux et de zones de médaillons à bustes et animaux. Travail persan.

69 — Deux lampes en cuivre gravé et ajouré, formées d'un vase sur piédouche balustre élevé et ornées de rinceaux et médaillons à personnages. Travail persan.

70 — Deux lampes analogues aux précédentes et décorées en outre d'inscriptions. Travail persan.

71 — Deux lampes de même travail que les précédentes, mais de décor différent ; le piédouche est à base carrée. Travail persan.

72 — Deux grands brûle-parfums balustres, avec couvercles en bronze gravé et ajouré, à rinceaux. Travail persan.

73 — Deux flacons aspersoirs en bronze gravé à personnages.

74 — Deux vases couverts, en bronze gravé et ajouré, à rinceaux.

75 — Buire à anse en bronze gravé, à animaux. Travail persan.

76 — Petit bassin surbaissé en bronze gravé, à inscriptions. Travail persan.

77 — Chameau debout, en bronze gravé, à personnages et animaux.

78 — Paon debout faisant la roue, en bronze gravé et ajouré, à personnages et rinceaux. Travail persan.

79 — Aiguière couverte, à anse et goulot en cuivre gravé, à palmettes. Travail persan.

80 — Deux petits vases hémisphériques couverts et leurs plateaux en acier à filets dorés. Travail persan.

81 — Bassin surbaissé en bronze gravé, couvert d'inscriptions et de fleurettes. Travail persan.

ARMES

82 — Sabre recourbé à lame de damas et poignée d'ivoire d'hippopotame. Travail persan.

83 — Sabre analogue au précédent.

84 — Poignard persan, dit kama, à poignée d'ivoire teint en vert et lame ornée de rinceaux dorés.

85 — Armure persane composée d'un casque à nasal, d'une rondache et d'un brassard en acier orné de rinceaux et inscriptions, dorés et argentés.

86 — Brassard persan en acier, orné d'inscriptions en léger relief.

87 — Autre brassard persan en acier, à nervures saillantes.

88 — Deux fers de lances en acier, à personnages et rinceaux dorés et argentés. Travail persan.

89 — Deux couteaux de chasse à poignées d'ivoire d'hippopotame, dont l'une sculptée à feuillages. Travail persan.

90 — Deux poignards recourbés, dit kandjars, à lame de damas et fusée d'ivoire d'hippopotame, sculptée à personnages. Travail persan.

91 — Longue épée à poignée et lame en fer à rinceaux dorés. Travail persan.

92 — Deux javelots, dits zelkhs, en fer, à rinceaux argentés. Travail persan.

93 — Casque persan à nasal et porte-plumet en fer, à palmettes dorées.

94 — Casque analogue orné d'inscriptions dorées.

95 — Poignard recourbé, dit kandjar, à lame de damas et fusée de fer, à inscriptions en léger relief.

96 — Deux sabres recourbés persans avec fourreaux en cuir.

97 — Armure en acier composée d'une rondache, d'un casque à nasal et d'un brassard ; l'ornementation se compose

d'inscriptions en léger relief et de rinceaux damasquinés d'or. Travail persan.

98 — Armure en bronze composée d'une rondache, d'un casque à nasal et d'un brassard ; l'ornementation se compose de cavaliers et entrelacs en léger relief. Travail persan.

OBJETS VARIÉS

99 — Grande boîte rectangulaire en marqueterie de Bombay, à inscriptions et dessins géométriques.

100 — Deux autres boîtes plus petites, des mêmes travail et matière, sans inscriptions.

101 — Boîte rectangulaire allongée, des mêmes travail et matière que les précédentes.

102 — Quatre petites boîtes des mêmes.travail et matière que les précédentes.

103 — Trois autres petites boîtes analogues.

104 — Deux instruments de musique : céthar et tchogor persans.

105 — Trois trompes en bois et en corne.

106 — Nécessaire en marqueterie de Bombay, à dessins géométriques.

107 — Deux supports des mêmes travail et décor.

108 — Boîte carrée des mêmes travail et décor.

109 — Cadre de miroir des mêmes travail et décor.

ÉTOFFES

110 — Deux carrés de mosaïque de drap de Recht, à rosace centrale et fleurs sur fond gris marron.

111 — Carré de mosaïque de drap de Recht, à fleurs sur fond rouge.

112 — Petit tapis rond de mosaïque de drap de Recht, à rosace et fleurs sur fond rouge.

113 — Petit tapis carré en satin bleu, à palmettes brochées jaune ; bordure rouge à palmettes analogues. Travail persan.

114 — Petit tapis carré en coton, à fleurs au point de chaînette. Travail persan.

115 — Deux petits tapis carrés : l'un en étoffe rayée bleu, violet et rouge ; l'autre en lampas à motifs réguliers en jaune sur fond rouge, avec bordure lamée de métal. Travail persan.

116 — Veste de femme en étoffe bleue, à palmettes brochées en couleurs. Travail persan.

117 — Coupon de brocart, à palmettes en couleurs sur fond or. Travail persan.

118 — Deux petits tapis rectangulaires : l'un en coton à fleurs au point de chaînette, l'autre en mosaïque de drap de Recht à fond rouge. Travail persan.

119 — Trois petits tapis : deux en étoffe veloutée, l'autre en velours rouge, à fleurs brodées en métal et couleurs. Travail persan.

120 — Carré de velours ciselé à fleurs rouges sur fond jaune. Travail persan.

121 — Deux petits tapis carrés de la Perse, en laine, à dessin régulier.

122 — Tapis de Perse, couvre-selle, en laine, à fond gros bleu.

123 — Tapis de table en coton, à dessin régulier broché, imitant le châle. Travail persan.

124 — Tapis de table en soie blanche, à fleurs brochées au point de chaînette. Travail persan.

125 — Petit carré de satin rouge, à fleurs brodées en métal et chenillées. Travail persan.

126 — Deux pièces : tapis et carré, en coton brodé à fleurs en soies de couleurs. Travail persan.

127 — Carré d'indienne rouge, à palmettes en couleurs.

128 — Giberne, porte-Koran, en étoffe. Travail persan.

129 — Sept carrés de broderie sur canevas et sur toile.

130 — Tapis en coton, brodé à fleurs en couleurs. Travail persan.

131 — Tapis brodé au point. Travail persan.

132 — Tapis de cachemire à fond blanc, avec bordure brodée en couleurs.

133 — Petit tapis brodé au point, à dessin géométrique. Travail persan.

134 — Autre tapis analogue à décor étoilé.

135 — Culotte en soie brodée et rayée. Travail persan.

136 — Gilet brodé au point, à dessin géométrique. Travail persan.

137 à 154 — Environ dix-huit tapis persans.

www.ingramcontent.com/pod-product-compliance
Lightning Source LLC
LaVergne TN
LVHW010848180726
843502LV00009B/3769